CW00486139

COMPRENDRE
LA LITTÉRATURE

SHAKESPEARE

Macbeth

Étude de l'œuvre

© Comprendre la littérature, 2020.

1 rue Honoré - 93500 Pantin.
ISBN 978-2-7593-0619-0
Dépôt légal : Juin 2020

Impression Books on Demand GmbH

In de Tarpen 42

22848 Norderstedt, Allemagne

SOMMAIRE

BIOGRAPHIE

SHAKESPEARE

William Shakespeare est un écrivain anglais né à Stratford-upon-Avon en 1564. Fils d'une mère issue d'une vieille famille de propriétaires terriens, et d'un commerçant aisé qui connaît des revers de fortune, Shakespeare fait ses études à l'excellente *Grammar School* de Stratford, puis selon certaines sources, aurait suivi un ou deux semestres à l'Université d'Oxford. À dix-huit ans, en 1582, le jeune homme épouse Anne Hathaway qui lui donne une fille en 1583 du nom de Susanna, puis deux jumeaux, Judith et Hammet (ce dernier meurt en 1596).

Nous possédons peu d'indications sur l'endroit et la façon dont vit le dramaturge avant 1592. Il est fort probable qu'il ait été maître d'école pour gagner sa vie, et qu'il ait écrit ses premières pièces, car il possède déjà une certaine renommée en tant qu'acteur et dramaturge lorsqu'il se trouve à Londres en 1592. L'écrivain Robert Green parle de lui comme d'un acteur plein de talent et d'un auteur très aimé du public.

À partir de 1594, date à laquelle il fait l'acquisition d'une résidence à Londres appelée New Place, débute sa grande période de production. Il dédie deux poèmes au comte de Southampton, Henry Wriothesley : *Vénus et Adonis* (1593-1594) et *Le Viol de Lucrèce* (1594), ainsi que la majeure partie des *Sonnets* (écrits probablement entre 1593 et 1597, mais publiés seulement en 1609).

1591 apparaît comme la première date marquante dans sa carrière dramatique, avec les trois parties d'*Henry VI*. Outre la pièce historique alors en vogue, Shakespeare propose une œuvre variée avec une comédie (*La Comédie des erreurs*, 1592), et un drame sombre (*Titus Andronicus*, publié anonymement en 1594). Entre 1592 et 1594, il est possible que Shakespeare ait séjourné en Italie, car nombre de ses pièces abondent de détails précis et véridiques concernant la topographie du pays.

La protection du comte de Southampton permet à Shakespeare de devenir actionnaire de la compagnie du Lord

Chambellan qui, sous Jacques 1er, s'intitule *King's Men* (serviteurs du roi). C'est pour cette compagnie que Shakespeare écrit des drames historiques : *Henry IV*, *Henry V*, *Richard II*, *Richard III* et, plus tard, *Henry VIII*. Il compose au moins 6 600 sonnets, dont la tonalité pathétique permet au public de découvrir un autre aspect de cet auteur de drames à succès. En 1596, à la mort de son fils Hammet, Shakespeare revient dans sa ville natale. L'année suivante, il achète une propriété à Stratford, tout en continuant de résider à Londres.

Les années 1599-1601 coïncident avec une période d'incertitude dans la production de Shakespeare. Il se contente de publier trois comédies : *Beaucoup de bruit pour rien*, *La Nuit des rois* et *Comme il vous plaira*. Puis, il écrit *Roméo et Juliette* et *Jules César*, mais ce n'est qu'avec *Hamlet* (1601), sa nouvelle tragédie, qu'il laisse transparaître toute l'ampleur de son talent.

Les pièces que Shakespeare compose par la suite, vers 1603, montrent qu'il est en proie à un grand trouble. C'est l'époque des pièces amères – période qui correspond aux désillusions politiques marquant la fin du règne d'Elizabeth et le début du règne de Jacques 1er – avec *Troïlus et Cressida*, *Tout est bien qui finit bien*, *Mesure pour mesure*. Cependant, plus aucune trace d'ironie et de dégoût n'apparaît dans les trois grandes tragédies qui suivent : *Othello*, *Le Roi Lear* et *Macbeth*, dans lesquels il étudie les passions humaines.

Par la suite, les pièces semblent correspondre à une vision plus tranquille et plus tolérante chez ce poète vieillissant, notamment avec la rédaction de *Périclès* (1608), *Le Conte d'hiver* (1610), *La Tempête* (1611) et *Henri VIII* (1612). L'auteur s'installe définitivement à Stratford aux environs de 1610, où il vit paisiblement les dernières années de sa vie. Ses œuvres complètes ne sont publiées qu'en 1623, sept ans après sa mort, parmi lesquelles on peut mentionner *Le Marchand de Venise*, *La Mégère apprivoisée*, *Les*

Deux gentilshommes de Vérone ou encore *Cymbelinne*. Le Théâtre de Shakespeare, écrit sans souci de la postérité, lu et joué à toutes les générations, survit à son auteur et fait désormais partie du patrimoine de l'humanité.

PRÉSENTATION DE HAMLET

William Shakespeare compose *Macbeth*, tragédie en cinq actes, aux environs de 1605-1606. S'il n'existe aucune indication précise sur une représentation de *Macbeth* avant celle du Globe, en 1611, de nombreux éléments invitent à penser que la pièce est jouée depuis 1606. L'auteur puise sa source dans la *Chronique* (1578) d'Holinshed, qui s'appuie elle-même sur les *Scotorum Historiae* (1527) d'Hector Boëce.

Sur le chemin du retour, après avoir remporté une guerre, les généraux de l'armée d'Écosse, Macbeth et Banco, rencontrent sur une lande trois sorcières. Elles prophétisent que Macbeth sera thane de Cawdor, puis roi, et que Banquo engendrera des rois. La prophétie attise l'ambition de Macbeth. Dès lors tenté, puis encouragé par son épouse, Macbeth assassine le roi Duncan pendant son sommeil et s'empare de la couronne. Aussitôt, le héros subit les affres de sa conscience, mais, sous l'influence de la peur, il s'enfonce irrémédiablement dans le mal et multiplie les crimes. L'angoisse laisse place à un calme effrayant : rassuré par de nouvelles prédictions ambiguës des sorcières dont il ne comprend pas le sens caché, Macbeth ne craint pas l'armée de Malcolm, fils de Duncan. Ce dernier se prépare à combattre pour récupérer la couronne. Macbeth meurt sur le champ de bataille.

Avec cette tragédie, Shakespeare montre le spectacle de l'ambition. La peinture complète des sentiments et des actions du héros, ainsi que l'atmosphère magique et poétique contribuent à faire de *Macbeth* l'une des pièces les plus humaines de Shakespeare et, pour beaucoup de critiques, son chef-d'œuvre.

RÉSUMÉ DE LA PIÈCE

ACTE PREMIER

SCÈNE PREMIÈRE

En Écosse, trois sorcières s'apprêtent à retrouver Macbeth.

SCÈNE II

Duncan, le roi d'Écosse, reconnaissant envers Macbeth qui a combattu la rébellion, le nomme thane de Cawdor, en plus de celui de thane de Glamis qu'il lui a déjà donné.

SCÈNE III

Les trois sorcières profèrent des formules magiques et rencontrent Macbeth en compagnie de Banquo, un autre général de l'armée d'Écosse. Elles le saluent comme thane de Glamis, puis comme thane de Cawdor, et lui promettent le titre de roi. Elles s'adressent également à Banquo en lui disant qu'il sera « moins grand que Macbeth et pourtant plus grand » : elles lui prédisent que ses enfants seront rois. Les sorcières disparaissent en laissant Macbeth et Banquo déroutés. À cet instant, des nobles d'Écosse trouvent Macbeth et lui annoncent que le roi a reçu la nouvelle de sa victoire contre les révoltés et le nomme thane de Cawdor. Macbeth est impressionné par l'accomplissement d'une partie de la prophétie. Il se rend au palais en compagnie de Banquo.

SCÈNE IV

Au palais, Macbeth reçoit officiellement le titre de thane de Cawdor. Pour l'honorer, Duncan veut aller dans le château de Macbeth, à Inverness. Le roi annonce également à

Macbeth que l'empire sera légué à son aîné, Malcolm, désormais prince de Cumberland, avant l'âge légal de la majorité. Cette décision du roi, dressant un nouvel obstacle face aux espérances de Macbeth, commence à faire germer dans son esprit des pensées criminelles.

SCÈNE V

La cruelle et ambitieuse Lady Macbeth reçoit une lettre de son mari, dans laquelle il lui apprend qu'il est nommé thane de Cawdor et lui confie son étonnement et ses espérances face à la prédiction des sorcières. Puis, un messager annonce à Lady Macbeth que son époux revient au château avec le roi. Elle imagine aussitôt d'assassiner Duncan.

SCÈNE VI

Lady Macbeth reçoit le roi Duncan, accompagné par ses fils Malcolm et Donalbain, ainsi que par Banquo et des nobles écossais.

SCÈNE VII

Macbeth repousse dans un premier temps l'idée du meurtre, évoquant la bonté de son roi. Mais encouragé par sa femme, il accepte finalement de profiter du lourd sommeil de Duncan, aidé par quelques gouttes de potion, pour exécuter celui-ci.

ACTE II

SCÈNE PREMIÈRE

Banquo rencontre Macbeth au moment où celui-ci se dirige vers la chambre du roi pour commettre le meurtre. Macbeth est en proie à une hallucination. Il est comme « guidé » vers le roi par la vision d'un poignard lui indiquant la direction.

SCÈNE II

Après avoir exécuté le roi, Macbeth revient vers sa femme, mais son esprit chancelle. Incapable de retourner près du mort, il laisse son épouse rapporter les poignards et barbouiller de sang les gardes endormis, pour qu'ils aient l'air coupable.

SCÈNE III

On ne cesse de frapper à la porte. Ivre, le portier n'ouvre pas. Le noble Macduff entre finalement. Il demande à Macbeth dans quelle chambre se trouve le roi, car il est chargé de le réveiller de bonne heure. Il découvre le roi assassiné, puis annonce la nouvelle à Macbeth et Lady Macbeth, qui feignent l'horreur et la consternation. Craignant qu'il ne leur arrive la même chose, Malcolm s'enfuit en Angleterre, et Donalbain en Irlande.

SCÈNE IV

On soupçonne les fils du roi d'avoir payé les valets (que Macbeth vient de tuer) pour assassiner leur père. Macbeth succède à Duncan.

ACTE III

SCÈNE PREMIERE

Banquo s'interroge sur l'honnêteté de Macbeth et sur son rôle dans le meurtre de Duncan. Craignant que les soupçons ne se portent sur lui, et redoutant la prédiction des sorcières sur la descendance royale de Banquo, Macbeth donne ses instructions à deux assassins chargés de tuer le général, ainsi que son fils, Fléance.

SCÈNE II

Macbeth, de plus en plus hagard, explique son projet à son épouse, reconnaissant que son esprit sera soumis à la torture et à l'angoisse tant que Banquo et Fléance seront vivants.

SCÈNE III

Les assassins tuent Banquo, mais Fléance parvient à s'échapper.

SCÈNE IV

Lors d'un banquet au palais, l'un des assassins apprend à Macbeth l'exécution de Banquo et la fuite de Fléance. Le nouveau roi, en proie à la folie, ne peut s'asseoir car il voit le spectre de Banquo, couvert de sang, occuper son siège. Lady Macbeth congédie les invités. L'absence de Macduff au repas éveille la méfiance de Macbeth, qui décide de consulter les trois sorcières.

SCÈNE V

Hécate prévient les trois sorcières de l'arrivée de Macbeth et leur demande de conduire celui-ci à sa ruine par des prédictions ambigües.

SCÈNE VI

Des seigneurs écossais évoquent la disgrâce de Macduff puisqu'il a manqué de paraître au banquet. En effet, celui-ci s'est réfugié en Angleterre, où il a rejoint Malcolm. Les seigneurs espèrent que Malcolm reviendra en arme mettre fin à la terreur que fait régner Macbeth « le tyran ».

ACTE IV

SCÈNE PREMIÈRE

Macbeth consulte les trois sorcières quant à son avenir. Lors de la cérémonie autour d'un chaudron magique, elles lui conseillent de se méfier de Macduff et lui prédisent que « nul être né d'une femme » ne pourra lui porter préjudice, de même qu'il ne sera jamais vaincu tant que la forêt de Birnam n'aura pas marché sur Dunsinane. Les sorcières lui montrent aussi les ombres de la longue lignée royale de Banquo, puis disparaissent. À cet instant, un noble d'Écosse prévient le roi que Macduff s'est enfui en Angleterre. Macbeth, se méfiant de lui, prévoit de tuer sa femme et ses descendants.

SCÈNE II

Les assassins envoyés par le roi tuent le fils de Macduff et poursuivent Lady Macduff.

SCÈNE III

En Angleterre, Macduff tente de convaincre Malcolm de prendre les armes contre le nouveau roi d'Écosse, qui fait régner la terreur. Malcolm hésite car il pense avoir de nombreux vices et craint que son règne ne soit pire que celui de Macbeth. Il accepte finalement d'intervenir. À cet instant, des seigneurs d'Écosse apprennent à Macduff le meurtre de sa famille. Il jure de se venger. Malcolm part pour l'Écosse avec des forces armées prêtées par le roi d'Angleterre.

ACTE V

SCÈNE PREMIERE

Le médecin est désespéré devant l'état de Lady Macbeth en proie à des hallucinations permanentes : elle cherche vainement à ôter de ses mains une tache de sang imaginaire.

SCÈNE II

L'armée de Macduff et de Malcolm se prépare à attaquer Macbeth.

SCÈNE III

Macbeth apprend que les forces anglaises se dirigent vers Dunsinane. Le roi dit ne pas croire à la gravité des rapports à cause des prévisions des sorcières.

SCÈNE IV

En passant dans la forêt de Birnam, chacun des soldats de l'armée anglaise coupe un rameau pour se camoufler derrière un rideau de feuillage et se dirige vers Dunsinane.

SCÈNE V

Macbeth apprend la mort de son épouse. Au même instant, un messager lui indique que la forêt de Birnam semble s'avancer vers le château. Il comprend que la prédiction se réalise.

SCÈNE VI

Les forces anglaises arrivent au château et se débarrassent de leur camouflage.

SCÈNE VII

Macbeth tue un jeune noble tandis que Macduff jure de se venger de lui.

SCÈNE VIII

Macduff apprend au roi que, « arraché du ventre de sa mère avant terme », il n'est pas « né d'une femme ». Macbeth décide quand même de le combattre.

SCÈNE IX

Macduff tue Macbeth, et Malcolm devient roi.

LES RAISONS
DU SUCCÈS

La première représentation de *Macbeth*, probablement en 1606, se situe aux confins de deux siècles, à l'heure où s'éteint la Renaissance.

Avant la fin du XVIᵉ siècle, il n'existe pas encore d'édifices spécialement destinés à la représentation théâtrale. C'est sous le règne d'Élisabeth 1ʳᵉ (période marquée par un essor culturel et artistique) que se construisent les premiers théâtres. En 1599, le célèbre Théâtre du Globe (aujourd'hui le *Shakespeare's Globe Theatre*) ouvre ses portes à Londres, au sud de la Tamise. L'apparition de théâtres permanents incite à la création d'un grand nombre d'œuvres nouvelles. Des auteurs comme Ben Jonson (*Volpone*), Thomas Kyd (*La Tragédie espagnole*), et surtout Christopher Marlowe (*Docteur Faust*) rédigent des pièces à succès, où l'on découvre un nouveau théâtre à la fois épique, dynamique et vivant. Le théâtre est ainsi une grande réussite de l'ère élisabéthaine. Mais c'est avec Shakespeare que cette période s'affirme comme étant l'âge d'or de la littérature anglaise.

L'œuvre théâtrale de la première génération des auteurs élisabéthains atteint son apogée avec Shakespeare, qui adopte une esthétique très libre, ainsi qu'un goût prononcé pour la violence. Alors que le dramaturge entre dans sa « période sombre », pendant laquelle se manifeste toute l'ampleur de son talent, *Macbeth* revêt une dimension cruelle et sanglante, reflétant le trouble et les désillusions politiques de l'époque. Le public essentiellement composé de bourgeois et d'étudiants, en rupture avec les idéologies religieuses et refusant les règles conventionnelles, était particulièrement réceptif aux nouvelles thématiques incluant la violence, le crime, le conflit. Le sujet tragique de *Macbeth* (une âme noble qui se laisse entraînée au crime), le rythme de l'action réglé par l'horreur et l'angoisse, les images de violence et de sang, tout concourt au succès de la pièce à l'ère élisabéthaine. Schlegel disait qu'après l'*Orestie* d'Eschyle, « la poésie tragique n'avait rien produit de plus grand ni de plus terrible ». Le mal, au centre du tragique de Shakespeare, n'a jamais été exploité par l'auteur avec autant de force, de grandeur, de subtilité que dans cette pièce : « Macbeth est la vision la plus mûre et la plus profonde du Mal chez Shakespeare », écrit Wilson Knight, c'est « l'apocalypse du Mal ».

L'emploi du merveilleux, avec l'évocation des trois sorcières et la vision de spectres, montre un nouvel aspect du génie de Shakespeare. Le poète, qui a soin de n'employer que le genre de merveilleux et le type de croyances qui conviennent à son temps, réussit à faire accepter les invraisemblances des fictions populaires tout en ayant recours à la raison. Véritable tour de force, donc, qui contribue à faire de *Macbeth* l'une des pièces les plus admirées de Shakespeare. Aucune autre pièce du dramaturge n'a obtenu un tel succès, malgré quelques réticences auprès de ses contemporains (l'auteur Ben Jonson, notamment, jugeait la pièce obscure et extravagante (caractéristiques pourtant très appréciées, en général, des auteurs élisabéthains). Très peu joué au XVIIᵉ siècle, Macbeth connaît en revanche d'innombrables représentations depuis le début du XVIIIᵉ siècle jusqu'à nos jours.

LES THÈMES
PRINCIPAUX

Puissante étude psychologique, la pièce de Shakespeare est entièrement construite sur le thème de l'ambition – ici, d'ordre politique. L'auteur y décrit les effets de cette passion dans le cœur d'un homme (Macbeth) ; il montre quel ravage elle cause et jusqu'où elle peut entraîner celui qui n'a pas eu la force de résister à la tentation d'accéder à la gloire, lorsque celle-ci s'est présentée à lui. On assiste ainsi à l'apparition chez Macbeth d'une pensée criminelle, aux ravages progressifs de la passion, et à ses terribles effets sur la conscience d'une âme à l'origine vertueuse.

Au début de la pièce, Shakespeare nous présente son héros comme un soldat intègre, méritant, courageux. Quand Macbeth revient de la guerre causée par la rébellion de deux des vassaux royaux (à savoir Glamis et Cawdor), le roi d'Écosse ne sait comment le récompenser de ses services, de son dévouement envers lui et son royaume. Le vaillant soldat vient de remporter une grande victoire et de sauver sa patrie ; sa seule intention, à cet instant, est d'aller saluer le roi avant de rentrer dans son château d'Inverness. Si de vagues désirs de gloire s'agitent en lui, son esprit n'abrite en rien de sombres projets criminels.

La nature vertueuse de Macbeth se confirme dans la description qu'en fait sa femme, la terrible et ambitieuse Lady Macbeth, alors qu'elle regrette amèrement la loyauté et la bonté naturelle de son époux, cause de sa faiblesse et de son inaction : « Il est plein du lait de la tendresse humaine. Il veut être grand, car il a de l'ambition, mais cette ambition est exempte de mal. Ce qu'il veut hautement, il le veut saintement. » Malgré des instincts bons et généreux, Macbeth est faible et porte en lui les germes de l'ambition. Mais comment de vagues désirs de gloire peuvent-ils introduire dans une âme vertueuse des pensées criminelles ? Comment un homme né bon et loyal peut-il se transformer en un criminel assoiffé de pouvoir ? C'est là le problème que Shakespeare se propose de résoudre, en faisant du caractère de Macbeth le centre névralgique de la pièce.

Jamais le projet de tuer le roi Duncan n'aurait effleuré l'esprit de Macbeth si on n'était venu le lui souffler. L'auteur fait en sorte que certains événements viennent exciter son ambition. Tandis que Macbeth se promène avec son ami Banquo au retour de la guerre, il voit tout à coup apparaître trois sorcières qui le saluent comme thane de Cawdor, et lui promettent le titre de roi, répondant à l'une de ses aspirations secrètes. Au moment où disparaissent les sorcières, des nobles d'Écosse annoncent à Macbeth qu'il a été nommé thane de Cawdor, en remerciement de son dévouement envers son roi et sa patrie. La réalisation immédiate d'une partie de la prophétie a pour effet d'exciter son ambition, de lui révéler la force de ses désirs et de ses vagues espoirs qui se cachaient jusqu'alors dans un coin obscur de sa pensée. Macbeth ne projette pas encore de tuer, mais il est déjà criminel car il n'a pas la force de repousser la prédiction.

Shakespeare multiplie autour de son héros les tentations et les provocations : la résolution de Duncan de faire régner son fils Malcolm avant l'âge légal de la majorité est un nouvel obstacle pour accéder à la couronne, et ne laisse plus d'autre ressource à Macbeth que le crime. La tentation devient trop forte quand le roi passe la nuit dans son château à Inverness, laissant à l'homme faible et ambitieux la possibilité de l'exécuter dans son sommeil.

Pour exciter l'ambition de Macbeth, Shakespeare place également près de son personnage une femme passionnée, déterminée, dotée d'une ambition démesurée. Lady Macbeth veut être reine. Dans sa rage de vaincre à tout prix, elle « jure qu'elle n'hésiterait pas à broyer la cervelle de son enfant, au moment où il lui sourit », détruisant ainsi tout sentiment maternel. Lorsqu'elle reçoit la lettre de Macbeth, dans laquelle il lui confie son étonnement et ses espérances face à la prédiction des sorcières, elle songe immédiatement à assassiner Duncan. Elle regrette la bonté naturelle de son mari, mais face à la velléité de celui-ci, évoquant la bonté de son roi et repoussant dans un premier temps l'idée du meurtre, elle décide de prendre les choses en main. En une seule confrontation, Lady Macbeth brise la faible résistance qu'opposait son époux, enfin déterminé à profiter du lourd sommeil de Duncan pour exécuter celui-ci. « Me voilà résolu », s'écrit-il, « je vais tendre tous les ressorts de mon être vers cet acte terrible ». Dès que sa femme sonne la cloche, annonçant que les gardes sont profondément endormis par quelques gouttes de potion, le voilà qui entre dans la chambre du roi et le tue.

Cependant l'esprit de Macbeth n'est pas conditionné pour être criminel. Shakespeare accompagne ainsi l'ambition d'un phénomène naturel, à savoir le remords de la conscience (l'ambition donne naissance au crime, et le crime aux remords). Aussitôt après avoir tué Duncan, Macbeth est rongé par le remords, il perd le repos et la sérénité. Il entend une voix crier : « Ne dors plus ! Macbeth a tué le sommeil ! », et ses mains rouges de sang lui font horreur : « Tout l'océan du grand Neptune suffira-t-il à laver ce sang de ma main ? », s'exclame-t-il dans le trouble et l'effroi.

Ce remords, Shakespeare en donne une expression grandiose. Il trouve le moyen de mettre en scène cette émotion coupable à travers le spectre : c'est en réalité la conscience de Macbeth qui revêt la forme d'un fantôme poisseux de sang, à l'image de Banquo, sa dernière victime. Au lieu d'assurer son repos avec ce nouveau meurtre, Macbeth ne fait qu'agiter davantage son esprit déjà tourmenté, en y ajoutant de nouvelles terreurs.

Sous l'influence de la peur, Macbeth se trouve entraîné dans une spirale, dans laquelle chaque crime en appelle nécessairement un autre. « Il est tellement engagé dans le sang qu'il trouve aussi pénible d'avancer que de reculer. » Tous les meurtres qu'il commet sont la conséquence du premier, car il finit par tuer pour se débarrasser de sa peur qui en définitive ne fait que croître à chaque nouvel assassinat. Inquiet, préoccupé, effrayé, il voit la menace partout, se méfie de tout le monde, et devient par conséquent un roi féroce et tyrannique. Macduff, absent au banquet royal, inspire la frayeur à Macbeth. Ce dernier projette encore un acte de violence : en massacrant Lady Macduff et ses enfants, il porte le crime à son paroxysme et montre les ravages définitifs de la passion ambitieuse. Dès lors que Macbeth a commencé à s'enfoncer dans le mal, on dirait que, fasciné par lui, il ne peut que le multiplier. Tout fonctionne alors en lui comme si, en accumulant les crimes, il pouvait les effacer et libérer sa conscience.

Lady Macbeth aussi a des remords. Bien qu'elle ait été capable de projeter l'assassinat du roi dans un accès de fièvre, de reposer calmement les poignards dans la chambre et de barbouiller les valets du sang de la victime ; quoiqu'elle ait cherché à rétablir le calme dans l'esprit tourmenté de son mari, donnant l'impression de n'être en rien persécuté par le remords, Lady Macbeth ne semble pas pouvoir s'accoutumer à une succession d'images sanglantes. Après l'audace furieuse dont elle a fait preuve, et la détermination enragée qui l'animait lorsqu'elle rejetait violemment tout sentiment maternel, elle redevient une femme et montre vite des signes de désarroi : crises de somnambulisme, perte du sommeil... Le remords conduit Lady Macbeth au suicide.

Mais pendant que Lady Macbeth s'enfonce dans le remords et s'affaiblit de plus en plus, Macbeth s'endurcit au crime : les rôles s'inversent. En effet, après que Macbeth a décidé de consulter les trois sorcières sur son avenir, l'angoisse et le remords laissent place à un calme sinistre et effrayant. Se rapportant aux prédictions ambigües des sorcières, dont il ne comprend pas le sens caché, Macbeth perd toute prudence et s'enferme dans une sorte de sécurité illusoire : alors que l'armée de Malcolm se rapproche, prête à porter les armes contre lui, le roi ne ressent aucune crainte : « L'âme par qui je règne et le cœur que je porte ne seront jamais accablés par le doute ni ébranlés par la peur », dit-il. « Qu'on porte mon armure derrière moi !... Je ne craindrais pas la mort ni la ruine avant que la forêt de Birnam vienne à Dunsinane. » Macbeth est parvenu à s'étourdir par la violence et la passion. Il écrase le moindre de ses soupçons par le crime qui lui est désormais familier. Mais c'est justement au moment où il réussit à libérer sa conscience, où son esprit est aveuglément tourné vers le mal, qu'il se condamne de façon irrémédiable. Sans recours, on assiste à la chute du criminel, à ses dernières souffrances et à son ultime combat face à Macduff, « arraché du ventre de sa mère avant terme ». Macbeth meurt sur le champ de bataille de la main d'un ennemi, comme si Shakespeare était soucieux d'honorer le héros dans sa mort, en souvenir de sa bravoure.

En plus de montrer les ravages que peut provoquer la passion ambitieuse dans le cœur d'un honnête homme, Shakespeare souligne l'entière responsabilité du héros : l'homme choisit librement le mal ; les sorcières constituent la tentation, la circonstance qui fournit un aliment aux espérances ambitieuses et précipite la chute vers le mal, mais elles ne sont en aucun cas la cause de l'orientation criminelle. La prédiction des sorcières produit un effet considérable sur Macbeth, parce qu'elles personnifient la tentation intérieure qui l'obsède. Ainsi, alors que la prophétie exerce une profonde influence sur Macbeth dont l'âme ambitieuse est déjà prédisposée à se laisser corrompre, elle ne provoque aucun trouble chez Banquo, qui pourtant se voit promettre une descendance royale. Shakespeare souligne de cette façon l'entière responsabilité du héros dans son passage à l'acte criminel. Cette liberté de choix est telle que même l'ambition et la détermination de Lady Macbeth ne viennent la démentir, bien que celle-ci souffle à son époux l'audace furieuse qui la galvanise. Macbeth sait ce qu'il fait quand il décide de tuer ; il est certes un héros tragique, mais non une victime accablée par la fatalité.

ÉTUDE DU MOUVEMENT LITTÉRAIRE

Macbeth est une pièce répondant aux critères du théâtre baroque, généralement associé en Angleterre à l'époque élisabéthaine, et marquée par sa fascination pour le mouvement, la variété, l'instabilité.

Les spécialistes ne sont pas unanimes sur l'origine du mot baroque (il viendrait peut-être de l'adjectif espagnol *barucco* qui désigne en français une « perle de forme irrégulière »), ni même sur les limites du mouvement dans le temps. La notion de baroque est utilisée à partir du XIXe siècle pour qualifier certaines tendances artistiques, s'étendant approximativement de 1570 à 1670. Mais elle n'a été introduite dans l'histoire littéraire que récemment, vers 1920, ce qui a permis de redécouvrir des œuvres et des auteurs d'une période importante de la civilisation européenne. Plusieurs auteurs s'illustrent durant la période baroque, mais, alors que les pièces de Shakespeare sont déjà bien connues, et que Calderón invente en Espagne le « théâtre du monde » avec *La Vie est un songe* (1635), le théâtre cherche encore son identité en France. Il trouvera son apogée avec Corneille, dont le tempérament baroque se manifeste avec éclat dans *L'Illusion comique* (1636).

Le courant baroque est moins une pensée qu'une vision du monde fondée sur le paraître, l'hyperbole, le spectaculaire. Diderot écrit dans l'*Encyclopédie* que « l'idée du baroque entraîne avec soi l'idée du ridicule poussée à l'excès ». Il semblait donc fait pour s'épanouir au théâtre et c'est Alexandre Hardy qui, en créant le genre de la pastorale dramatique, ouvre en France la voie au baroque par les décors champêtres, la galanterie, le merveilleux, le burlesque. La vogue de la tragi-comédie se rapproche encore de l'incertitude baroque par son irrégularité, ses contrastes, ses excès ; et quelques auteurs s'y essaient, comme Jean Mairet et Jean de Rotrou, avant de s'intéresser à la tragédie classique.

L'auteur baroque recherche l'originalité, la surprise. Il traite avec virtuosité le thème de l'inconstance, et se libère ainsi des contraintes et des règles issues de l'Antiquité. Il ne respecte pas l'unité de temps et de lieu, et mêle généralement plusieurs genres dramatiques (comme la pastorale, la tragi-comédie ou le ballet) pour briser l'unité de ton et de style. Ainsi, par opposition aux règles de l'art classique, l'esthé-tique baroque privilégie le mouvement, l'emphase, la sur-charge du décor, l'outrance, le paroxysme des sentiments et des passions, la plénitude de vie. Les pièces sont marquées par le sceau de la démesure.

Mais les auteurs évoluent vers le classicisme. Malherbe notamment, passe des *Larmes de Saint-Pierre* où le style se nourrit d'antithèses, de métaphores et d'hyperboles, à l'affir-mation d'un ordre immuable. Malgré ce poème d'inspiration baroque, certains prétendent que Malherbe a toujours porté en lui les valeurs du classicisme. Il est donc difficile de tra-cer une frontière nette entre art baroque et art classique. Le baroque a détourné un instant les codes du classicisme, mais il n'a été qu'un élan juvénile, confus, finalement dominé par le rationalisme et la simplicité. Il reste cependant une compo-sante essentielle de certaines œuvres classiques.

DANS LA MÊME COLLECTION
(par ordre alphabétique)

- **Anonyme**, *La Farce de Maître Pathelin*
- **Anouilh**, *Antigone*
- **Aragon**, *Aurélien*
- **Aragon**, *Le Paysan de Paris*
- **Austen**, *Raison et Sentiments*
- **Balzac**, *Illusions perdues*
- **Balzac**, *La Femme de trente ans*
- **Balzac**, *Le Colonel Chabert*
- **Balzac**, *Le Lys dans la vallée*
- **Balzac**, *Le Père Goriot*
- **Barbey d'Aurevilly**, *L'Ensorcelée*
- **Barbey d'Aurevilly**, *Les Diaboliques*
- **Bataille**, *Ma mère*
- **Baudelaire**, *Les Fleurs du Mal*
- **Baudelaire**, *Petits poèmes en prose*
- **Beaumarchais**, *Le Barbier de Séville*
- **Beaumarchais**, *Le Mariage de Figaro*
- **Beauvoir**, *Mémoires d'une jeune fille rangée*
- **Beckett**, *Fin de partie*
- **Brecht**, *La Noce*
- **Brecht**, *La Résistible ascension d'Arturo Ui*
- **Brecht**, *Mère Courage et ses enfants*
- **Breton**, *Nadja*
- **Brontë**, *Jane Eyre*
- **Camus**, *L'Étranger*
- **Carroll**, *Alice au pays des merveilles*
- **Céline**, *Mort à crédit*
- **Céline**, *Voyage au bout de la nuit*

- **Chateaubriand**, *Atala*
- **Chateaubriand**, *René*
- **Chrétien de Troyes**, *Perceval*
- **Cocteau**, *Les Enfants terribles*
- **Colette**, *Le Blé en herbe*
- **Corneille**, *Le Cid*
- **Crébillon fils**, *Les Égarements du cœur et de l'esprit*
- **Dcfoe**, *Robinson Crusoé*
- **Dickens**, *Oliver Twist*
- **Du Bellay**, *Les Regrets*
- **Dumas**, *Henri III et sa cour*
- **Duras**, *L'Amant*
- **Duras**, *La Pluie d'été*
- **Duras**, *Un barrage contre le Pacifique*
- **Flaubert**, *Bouvard et Pécuchet*
- **Flaubert**, *L'Éducation sentimentale*
- **Flaubert**, *Madame Bovary*
- **Flaubert**, *Salammbô*
- **Gary**, *La Vie devant soi*
- **Giraudoux**, *Électre*
- **Giraudoux**, *La Guerre de Troie n'aura pas lieu*
- **Gogol**, *Le Mariage*
- **Homère**, *L'Odyssée*
- **Hugo**, *Hernani*
- **Hugo**, *Les Misérables*
- **Hugo**, *Notre-Dame de Paris*
- **Huxley**, *Le Meilleur des mondes*
- **Jaccottet**, *À la lumière d'hiver*
- **James**, *Une vie à Londres*
- **Jarry**, *Ubu roi*
- **Kafka**, *La Métamorphose*
- **Kerouac**, *Sur la route*
- **Kessel**, *Le Lion*

- **La Fayette**, *La Princesse de Clèves*
- **Le Clézio**, *Mondo et autres histoires*
- **Levi**, *Si c'est un homme*
- **London**, *Croc-Blanc*
- **London**, *L'Appel de la forêt*
- **Maupassant**, *Boule de suif*
- **Maupassant**, *Le Horla*
- **Maupassant**, *Une vie*
- **Molière**, *Amphitryon*
- **Molière**, *Dom Juan*
- **Molière**, *L'Avare*
- **Molière**, *Le Malade imaginaire*
- **Molière**, *Le Tartuffe*
- **Molière**, *Les Fourberies de Scapin*
- **Musset**, *Les Caprices de Marianne*
- **Musset**, *Lorenzaccio*
- **Musset**, *On ne badine pas avec l'amour*
- **Perec**, *La Disparition*
- **Perec**, *Les Choses*
- **Perrault**, *Contes*
- **Prévert**, *Paroles*
- **Prévost**, *Manon Lescaut*
- **Proust**, *À l'ombre des jeunes filles en fleurs*
- **Proust**, *Albertine disparue*
- **Proust**, *Du côté de chez Swann*
- **Proust**, *Le Côté de Guermantes*
- **Proust**, *Le Temps retrouvé*
- **Proust**, *Sodome et Gomorrhe*
- **Proust**, *Un amour de Swann*
- **Queneau**, *Exercices de style*
- **Quignard**, *Tous les matins du monde*
- **Rabelais**, *Gargantua*
- **Rabelais**, *Pantagruel*

- **Racine**, *Andromaque*
- **Racine**, *Bérénice*
- **Racine**, *Britannicus*
- **Racine**, *Phèdre*
- **Renard**, *Poil de carotte*
- **Rimbaud**, *Une saison en enfer*
- **Sagan**, *Bonjour tristesse*
- **Saint-Exupéry**, *Le Petit Prince*
- **Sarraute**, *Enfance*
- **Sarraute**, *Tropismes*
- **Sartre**, *Huis clos*
- **Sartre**, *La Nausée*
- **Senghor**, *La Belle histoire de Leuk-le-lièvre*
- **Shakespeare**, *Roméo et Juliette*
- **Steinbeck**, *Les Raisins de la colère*
- **Stendhal**, *La Chartreuse de Parme*
- **Stendhal**, *Le Rouge et le Noir*
- **Verlaine**, *Romances sans paroles*
- **Verne**, *Une ville flottante*
- **Verne**, *Voyage au centre de la Terre*
- **Vian**, *J'irai cracher sur vos tombes*
- **Vian**, *L'Arrache-cœur*
- **Vian**, *L'Écume des jours*
- **Voltaire**, *Candide*
- **Voltaire**, *Micromégas*
- **Zola**, *Au Bonheur des Dames*
- **Zola**, *Germinal*
- **Zola**, *L'Argent*
- **Zola**, *L'Assommoir*
- **Zola**, *La Bête humaine*
- **Zola**, *Nana*
- **Zola**, *Pot-Bouille*

Lightning Source UK Ltd.
Milton Keynes UK
UKHW010637101121
393736UK00002B/286